_____님께

새해 새 아침이 밝아옵니다.

오늘 하루도
선물 같은 하루가 되기를 기원합니다.

맑고 향기로운 아침,
유쾌하고 상쾌한 하루가 되기를,

작은 일에도 감사하고
소소한 일상에서 소중한 행복을 찾아가는,
그런 하루가 되기를,

365일 기분 좋은 아침,
따스하고 마음 푸근한 날들이 이어지기를
소망합니다.

오늘 하루도 행복하세요!

_____드림

아침 향기

희망은 보이지 않는 것을 보고,
만질 수 없는 것을 느끼며,
불가능한 것을 성취한다.

세계 최고령 스카이다이버

지난 2024년 8월,
102세 할머니가 '최고령 스카이다이버'가 됐다.
영국 서퍽주에 사는 마네트 베일리 할머니가
그 주인공이다.
베일리는 자신의 102번째 생일을 자축하기 위해
상공 2,100m 높이에서 뛰어내렸다.
물론 안전 보조자가 동행했지만,
2017년 5월 베르던 헤이즈가 101세 38일의 나이로 세운
영국 최고령 스카이다이빙 기록을 깬 것이다.

베일리는 2년 전 100번째 생일 때는
페라리를 타고 실버스톤 자동차 경주 서킷을
시속 210㎞로 질주하기도 했다.

한 방송사와의 인터뷰에서 그녀는 이렇게 말했다.
"사람들이 80, 90 나이를 먹어도
아무것도 포기하지 않길 바란다."

베일리는 또 장수의 비결을 묻는 질문에,
"항상 바쁘게 지내고 모든 일에 관심을 두고,
주변 사람에게 친절하게 대하는 것,
그리고 파티를 즐기는 것."이라고 대답했다.

꿈이 있고,
그 꿈을 향한 도전을 멈추지 않는 한
100세 나이에도 청춘을 유지할 수 있다.

누군가 무심코 버린 행운

LA 다저스의 슈퍼스타 오타니 쇼헤이가
2024년 미국 메이저리그에서 대형 사고를 쳤다.
전인미답의 50-50(50홈런-50도루) 고지를 밟으며
미국 메이저리그의 새로운 역사를 써낸 것이다.

오타니는 투수와 타자 성적 모두 최정상급의 실력을 갖춘
역대 최고의 메이저리그(MLB) 스타로 등극했다.
이런 오타니의 성공에는
축복받은 신체 조건과 끊임없는 노력이 있었다.
그리고 또 한 가지,
그는 운(運)이 좋은 야구선수라고 할 수 있다.
그 운도 타고난 것이 아니라
그가 어려서부터 스스로 만든 특별한 습관 때문이었다.

어린 시절부터 누군가 버린 쓰레기들을 주워 온 그는
세계적인 스타가 된 지금도
야구장의 쓰레기를 줍는 선수로 유명하다.

기자들이 쓰레기를 줍는 이유를 물었을 때
그는 이렇게 대답했다.
"저는 쓰레기를 줍는 게 아닙니다.
누군가 무심코 버린 행운을 줍고 있는 겁니다."

그 말에는 쓰레기를 버리는 사람에 대한 비난도 없고,
쓰레기를 줍는 자신에 대한 어떠한 과시욕도 없었다.
마치 당연한 일을 하듯 자신이 해야 할 일이라고 생각하고
그 일이 자신에게 행운까지 안겨준다고 생각한 것이다.

좋은 습관을 이어나가면 좋은 운이 들어온다.
행운은 이런 작은 습관과 운이 모여서 다가오는 것이다.

따뜻하고 포근한 것이 좋다

'하아로우의 실험'이란 교육학 용어가 있다.
심리학자 하아로우는
원숭이를 대상으로 애정 실험을 했다.

하아로우는 두 개의 원숭이 인형을 만들어
아기 원숭이들에게 보여주었다.
하나는 철사로 만든 딱딱한 인형이었고,
다른 하나는 솜과 천으로 만든 부드러운 인형이었다.

하아로우는 인형의 가슴속에 젖병을 넣어
아기 원숭이들에게 내밀었다.
원숭이들은 양쪽으로 나뉘어 인형의 젖을 빨았다.

그런데 다음 날 아침, 놀라운 일이 벌어졌다.
원숭이들이 철사 인형은 거들떠보지도 않고
솜인형으로만 몰려든 것이다.

하아로우는 실험 결과를 발표했다.
"짐승들도 딱딱한 것보다는 부드러운 것을 좋아한다.
모든 동물은 포근하고 따뜻한 것을 좋아한다."

사람도 마찬가지다.
날카롭고 차가운 사람보다는
따뜻하고 부드러운 사람에게 사람들이 모인다.
내 주변에 따뜻하고 부드러운 친구가 없다면
나는 어떤 사람인지 자신을 먼저 돌아보아야 한다.

기적을 일으키는 것

미국 필라델피아 템플 교회에 한 병든 소녀가 찾아왔다.
그러나 교회가 너무 좁아서 소녀를 받아들일 수가 없었다.
목사가 소녀에게 말했다.
"지금은 자리가 없어서 너를 받아줄 수가 없구나.
미안하지만 나중에 다시 한번 찾아오너라."

소녀는 눈물을 글썽이며 집으로 돌아갔다.
얼마 후, 병세가 악화된 소녀는 세상을 떠나고 말았다.

죽은 소녀의 베개 밑에서
목사에게 보내는 짧은 유서와 동전이 발견되었다.
그 유서에는 다음과 같은 글이 적혀 있었다.
"저도 교회에 가고 싶어요.

제가 모은 이 돈으로 교회를 더 넓게 지어주세요."
목사는 장례식에 참석한 사람들에게 유서를 읽어주었다.
사람들은 소녀의 유언에 큰 감동을 받았고,
앞다퉈 모금 운동에 참여했다.
그 결과 교회는 크게 증축되었고,
남은 돈으로 '선한 사마리아병원'과
미국의 명문인 템플대학이 설립됐다.

기적은 작은 사랑과 실천을 먹고 자란다.
작은 사랑과 실천이 주변 사람의 마음에 닿으면
불길처럼 번지고 그 불길이 기적을 만들어낸다.

가치를 정하는 것

중국 대협곡 태항산에서는
잘 훈련된 물새 한 마리가 황소보다 비싼 값에 팔린다.
부리가 길고 뾰쪽한 녹청동색의 가마우지는
고기잡이의 명수로 불린다.
태항산을 타고 흐르는 계곡에는
쪽배에 가마우지를 태우고 물고기를 잡는 어부들이 있다.
어부가 '오우~'하고 신호를 보내면 가마우지는
쏜살같이 물속에 뛰어들어 팔뚝만한 물고기를 잡아 올린다.
그때마다 어부는 가마우지에게 새우 한 마리를 던져준다.

하루를 굶은 가마우지는 정신없이 물고기를 잡아 올리지만
정작 자신이 잡은 물고기는 한 마리도 먹을 수 없다.
물고기를 삼킬 수 없게

어부가 목을 노끈으로 묶어 놓았기 때문이다.
실력이 좋은 가마우지는 하루 만에
웬만한 근로자의 한 달 월급보다 더 많은 물고기를
잡아 올린다.
그래서 잘 훈련된 가마우지가
황소보다 더 비싼 가격에 팔리는 것이다.

사람이든 동물이든 가치를 결정하는 건 따로 있다.
한 분야의 전문가나 달인은
하루아침에 만들어진 것이 아니기 때문이다.

세월이 지나도 변하지 않는 것

한 임금이 세 아들을 불러
세상에서 가장 아름다운 것을 하나씩 구해오라고 명령했다.
가장 아름다운 것을 가져오는 아들에게
왕위를 물려주겠다는 조건이었다.

셋째 아들은 아름답고 탐스러운 장미꽃을
보자기에 담아 왔고,
둘째 아들은 어린아이의 천진난만한 웃음을
보자기에 담아 왔다.
장남은 아이에게 젖을 먹이고 있는
한 어머니의 사랑스러운 표정을 보자기에 담아 왔다.

임금은 신하들이 보는 앞에서

세 아들이 가져온 보물 보자기를 펼쳐보였다.
장미꽃을 담았던 보자기에는
앙상한 장미 줄기와 가지만 남아 있었다.
둘째 아들의 보자기에 싼 어린이의 고운 미소는
흔적도 없고
늙은이의 탄식만 피어오르고 있었다.
장남은 걱정스러운 표정으로 보자기를 열었다.
그런데 놀랍게도 어머니의 사랑은 조금도 변하지 않은 채
그대로 남아 있었다.

어머니의 사랑은 세월이 지나도 변하지 않는다.
안타까운 건 우리가 그것을 깨닫는 순간
어머니는 이미 우리의 곁을 떠나고 없다는 사실이다.

사랑의 힘

영국의 BBC방송이
'20세기 최고의 인간 승리자'로 피터 헐을 선정했다.
영국의 국가대표 수영 선수인 헐은
태어날 때부터 팔과 다리가 없었다.

초등학교에 입학원서를 제출했을 때
교장선생님은 입학을 불허하며 냉랭하게 말했다.
"학부모들의 반대가 워낙 심합니다.
저희 입장을 좀 이해해 주셨으면 합니다."

그때 헐은 장애인에 대한 차별을 처음 느꼈다.
그럼에도 가족들은 헐을 '보통 아이'로 키웠다.
파티에도 데려가고 여러 모임에도 참석시켰다.

그리고 어머니는 매일 아들의 귀에 속삭였다.
"너는 건강한 사람보다 장점이 많단다.
절대 용기를 잃지 말아라."

헐은 열살 때부터 수영을 배웠다.
머리를 움직여 방향을 잡고 팔을 휘저었다.
그는 항상 맨 꼴찌였다.
그러나 절망하지 않고 계속 노력했다.
그리고 '88 서울 장애인올림픽'에 출전했고,
'92 바르셀로나 장애인올림픽'에도 출전해서
3개의 세계신기록을 수립했다.

'20세기 최고의 인간 승리자'로 선정된
헐의 수상소감은 간단했다.
"나를 보통 사람으로 키워준 어머니께 이 영광을 돌립니다."

사랑의 힘은 크고 위대하다.
특히 어머니의 사랑은
사람을 바꾸고 세상을 변화시키는 힘이 있다.

강력한 전염성

암 환자들에게 희망과 복음을 전하는
'오늘을 보람있게'라는 모임이 있다.
이 모임을 만든 사람은 오빌 켈리라는 미국인이다.

켈리는 어느 날 병원으로부터 암 선고를 받았다.
'암이라고? 왜 내게 이런 일이?'

켈리 부부는 잠을 이루지 못한 채 울었다.
부인은 남편의 손을 꼭 잡고 진심 어린 위로를 전했다.
"여보, 결국 우리도 당신을 따라갈 거예요.
조금 늦을 뿐입니다.
이제부터 남은 시간 좋은 일을 해봅시다."

켈리 부부는 지인들을 초청해서 파티를 열었다.
그리고 사람들 앞에서 중대 발표를 했다.
"우리 부부는 오늘부터
암 환자들에게 소망을 심어주는 일을 시작합니다."
파티에 참석한 사람들은 큰 박수를 보냈고,
그들 모두 켈리 부부의 행보에 동참하기로 했다.

그 후, 켈리는 즐겁게 그 일을 하다가 죽었고,
부인은 지금도 이 단체에서
말기 암 환자를 위해 봉사하고 있다.

타인을 위한 사랑에는 마약보다 강한 전염성이 있다.

우리를 힘들게 하는 것

페루의 선원들이 아마존강을 항해하다가
표류하고 있는 큰 스페인 배 한 척을 발견했다.
페루 선원들이 배를 세우고 스페인 배에 올라가 보니
갑판 위에 수십 명의 스페인 선원들이 쓰러져 있었다.
마실 물이 떨어진 그들은
입술이 까맣게 타들어 간 채 사경을 헤매고 있었다.

페루 선원들이 스페인 선원들을 흔들어 깨우며 물었다.
"도대체 어떻게 된 일입니까? 무엇을 도와드릴까요?"
"물을 좀 주시오. 우린 지금 물이 없어 죽어가고 있소."
페루 선원들은 곧바로 아마존강 물을 바가지로 퍼 올려
스페인 선원들에게 먹여주었다.
그제야 그들은 정신을 차렸다.

당시 스페인 선원들은 민물인 아마존강에 떠 있었다.
그러나 넓은 바다에서 길을 잃었기 때문에
여전히 바다 가운데 떠 있다고 생각하고
아무런 시도도 하지 않았던 것이다.

사람들은 가끔 자신을 둘러싼 환경에 대해
막연한 공포를 느낀다.
하지만 지금 우리를 힘들게 하는 것은
환경이 아니라 막연한 공포심이 만든
'절망'이라는 이름의 바다다.

세상에서 가장 행복한 사람

러시아의 블라바츠키는 '꽃씨 부인'으로 불렸다.
그녀는 전 세계를 여행할 때마다 항상
꽃씨가 가득 담긴 두 개의 가방을 들고 다녔고,
열차를 타고 가면서 창문을 열고
철로 변에 계속 꽃씨를 뿌렸다.
사람들은 그녀가 제정신이 아니라고 수군거리기도 했다.

어느 날, 한 승객이 그녀에게 물었다.
"당신은 이 길로 다시 지나가지도 않을 텐데
왜 그렇게 꽃씨를 창밖에 뿌리는 겁니까?"

그 물음에 그녀는 웃으면서 대답했다.
"저는 이곳에 다시 올 수 없을지 모르지만,

봄은 반드시 찾아올 테니까요.
그때 누군가
이곳에서 아름다운 꽃을 바라볼 수만 있다면
저는 그것으로 만족합니다."

세상에서 가장 행복한 사람은
타인을 위해 사랑을 베풀 줄 아는 사람이다.

명품 인생

미국의 '자동차 왕' 헨리 포드가 영국을 방문했다.
그는 낡은 코트를 입고 값싼 호텔에 여장을 풀었다.
안내원이 의아한 표정으로 포드에게 물었다.

"당신이 오늘 영국을 방문한다는 기사를 읽었습니다.
사진이 크게 실려 있더군요.
당신이 헨리 포드 씨 맞지요?"
"예, 맞습니다."

그러자 안내원은 놀란 표정으로 다시 말했다.
"저는 당신의 아들을 잘 알고 있습니다.
그는 항상 화려한 옷을 입고 최고급 호텔에 머물렀죠.
그런데 정작 창업주인 당신의 외투는 너무 낡았군요."

그 말에 헨리 포드는 웃으면서 대답했다.
"이 코트는 아버지로부터 물려받은 것입니다.
어떤 옷을 입고, 어느 곳에 머물든지
나는 여전히 헨리 포드입니다.
외투의 종류와 호텔의 등급은 내게 중요하지 않습니다,
다만 제 아들은 아직 이런 것에 익숙하지 않을 뿐입니다.
그리고 제겐 헨리 포드 같은 아버지가 없습니다."

마음이 부자인 사람은 겉치레에 연연하지 않는다.
자기 자신이 최고의 명품인 까닭이다.

보이는 게 전부는 아니다

스위스의 한 마을에서 사고가 발생했다.
승객을 가득 태운 채 산길을 내려오던 관광버스의
브레이크가 파열된 것이다.
승객들은 공포에 몸을 떨었고,
버스 기사는 승객들을 안심시키며
사력을 다해 언덕을 내려오고 있었다.

그런데 마을에 진입하는 언덕에서 문제가 발생했다.
버스 앞 길가에 한 무리의 어린이들이 놀고 있었던 것이다.
버스 기사는 경적을 울리며 계속 신호를 보냈지만
놀이에 정신이 팔린 어린이들은 신호를 알아차리지 못했다.
순간 버스 기사는 망설였다.
'어린이를 구할 것인가? 아니면 승객을 구할 것인가?'

버스 기사는 결정을 내리지 못하고
그대로 어린이를 치고 말았다.
차에서 내린 버스 기사는 곧장 어린이에게 달려갔다.
그러나 어린이는 이미 죽어 있었다.
버스 기사는 어린이를 안고 눈물을 흘렸다.
사람들은 운전사를 향해 저주를 퍼부었다.
"당신은 어린이를 죽인 살인자다."
그때 한 사람이 군중을 향해 외쳤다.
"그 사람을 함부로 비난하지 마시오.
저 아이는 운전사의 하나뿐인 아들입니다."

사람들은 종종 눈앞에 벌어진 상황만을 보고
순간적으로 편견을 갖게 되고,
그 편견에서 비롯된 성급한 판단으로
실수를 저지르는 경우가 많다.
보이는 게 전부가 아닐 때도 있다.
그리고 편견은 대부분은 어설프다.

감사의 선물

독일의 한 마을에 극심한 흉년이 들었다.
주민들은 끼니를 잇지 못해 아우성쳤다.

그런데 이 마을에
비교적 살림이 넉넉한 노부부가 살고 있었다.
노부부는 어린이들을 굶게 해서는 안 된다고 생각하고
아침마다 마을 입구에서 어린이들을 불러 모아서
무료로 빵을 나눠주었다.
"누구든지 와서 빵을 하나씩 가져가거라."

배고픔에 지친 어린이들은
서로 더 큰 빵을 차지하겠다고 몸싸움을 벌일 뿐
아무도 노부부에게 감사를 표현하지 않았다.

그런데 한 소녀는 달랐다.
그 소녀는 항상 맨 마지막에 남은 작은 빵을 가져가면서
노부부에게 공손하게 감사 인사를 했다.
"오늘도 감사합니다."
노부부는 그 소녀를 매우 기특하게 여겼다.

어느 날 소녀는 빵을 먹다가
빵 속에 든 금화와 메모 한 장을 발견했다.
그 속에는 이런 글이 적혀 있었다.
"감사할 줄 아는 너를 위해 마련한 작은 선물이란다."

감사는 사랑을 깨닫는 것으로부터 출발한다.

배움을 멈춘 사람은
그가 20대든 80대든
이미 늙었음을 의미한다.
배움을 지속하는 사람만이
젊음을 유지한다.
삶에 있어서 가장 위대한 일은
자신의 마음을 젊게 유지하는 일이다.

헨리 포드

거리의 청소부로서 사명을 가졌다면
그는 거리를 청소해야 한다.
미켈란젤로가 그림을 그리고
베토벤이 음악을 연주하고
셰익스피어가 글을 쓰는 것이
그들에게 주어진 사명이었던 것처럼
그는 거리를 청소해야 한다.
그러면 천국과 지상의 모든 이가
갈채를 보낼 것이다.

마틴 루터 킹

전혀 다른 두 개의 인생길

영국의 대부호 케어리에게는
조지와 윌리엄이라는 두 아들이 있었다.
명석한 두 아들은 모두 옥스퍼드대학을 졸업했다.

어느날 케어리는 두 아들을 불러 장래 희망을 물었다.
조지의 대답은 아버지를 기쁘게 했다.
"아버지의 대를 이어 대부호가 되고 싶습니다."
그러나 윌리엄의 대답은 아버지를 실망시켰다.
"저는 인도 선교사가 되어서
인간의 영혼을 구원하는 일을 하고 싶습니다."
케어리는 어리석은 녀석이라고 비난했다.

세월이 흐른 후,

두 사람의 인생은 완전히 달라져 있었다.
조지는 아버지처럼 대부호이자 정치가로 명성을 얻었고,
윌리엄은 소원대로 인도 선교사가 되어 있었다.

훗날 두 사람의 이름은 대영백과사전에도 실리게 된다.
그런데 윌리엄에 대해서는 두 페이지를 할애해 소개했지만
대부호인 조지에 대해서는 단 한 줄의 소개가 전부였다.
'윌리엄 케어리의 형'.

어떤 인생을 살아갈지는 자신의 판단과 가치관에 달렸다.
자신의 삶에 대한 평가와 만족도는 자신의 몫이지만
그에 대한 세상의 평가는
생각보다 냉정하다는 것도 잊지 말아야 한다.

강도를 네 번 만난 행운

한 불행한 사람이 있었다. 그의 이름은 윌리엄 리바인.
그는 뉴욕 브루클린에서 정육점을 운영하고 있었다.
그는 한 달 동안에 무려 네 번이나 강도를 만나면서
빈털터리가 되고 말았다.
그 사건 이후부터 리바인은
강도로부터 생명을 보호하기 위해 방탄조끼를 입고 근무했다.
그 모습을 보고 주변의 상인들이 호기심을 가지기 시작했다.

"그 조끼는 어디서 구할 수 있나? 나도 구해주게.
우리도 목숨은 부지해야지."

리바인은 정육점을 운영하면서
주변 상인들의 요구를 들어주기로 했다.

본격적으로 방탄조끼 주문을 받기 시작한 것이다.
그런데 날이 갈수록 주문이 늘어나서
정육점을 정상적으로 운영하기 어려울 정도였다.
그는 고민 끝에 정육점을 정리하고
'방탄조끼주식회사'를 설립하기에 이른다.

회사는 성장에 성장을 거듭해서
세계 40개 도시에 지사를 세울 만큼
국제적인 기업으로 발전했다.
일약 세계적인 기업의 총수가 된 리바인은
한 언론과의 인터뷰에서 이렇게 말했다.

"강도를 네 번 만난 것이 내게는 오히려 행운이었습니다.
만약 그때 강도를 만나지 않았더라면
아마도 난 지금도 칼을 들고 고기를 자르고 있었을 겁니다."

불운과 행운, 절망과 희망은 한 몸처럼 붙어 다닌다.
마치 빛과 그림자처럼.
하나에만 깊이 빠져있다가는 나머지 하나를 놓치게 된다.

인생은 결단의 연속

코카콜라의 창업자인 아사 G 캔들러는
한때 지독한 알코올 중독자였다.
항상 술에 취해 있었던 그는 술 때문에 실수도 많았고,
그때마다 지인들 앞에서 금주를 약속했지만 매번 실패했다.

그러던 어느 날
그날도 술에 취해 귀가하던 중 어디선가 들려오는
벼락같은 소리를 들었다.
'자신의 본능적 욕구를 거절할 수 있는 사람이 성공한다.'

캔들러는 집에 돌아와 아내에게 이 이야기를 들려주었다.
아내는 바로 그 시간에 남편의 '금주'를 위해
간절히 기도하고 있었다고 고백했다.

부부는 서로 손을 잡고 눈물의 기도를 드렸다.
아내의 기도를 통해 영혼의 안식을 얻은 캔들러는
그날 이후 알코올의 유혹으로부터 완전히 해방되었다.
자신의 의지가 아니라 기도의 능력으로 술을 끊은 것이다.
캔들러는 그때부터 수입의 10%를 철저히 헌금했다.

회사도 창업주의 금주 이후 성장과 발전을 거듭했고
세계적인 기업으로 도약할 수 있었다.

캔들러의 금주가 없었다면
지금의 코카콜라도 없었을지 모른다.
성공한 사람들은 위기가 닥칠 때마다
강한 결단력으로 위기를 성공의 전환점으로 만들어 간다.

머리보다 가슴

철학자 임마누엘 칸트는
친밀하게 지내던 한 여인으로부터 여러 번 청혼을 받았다.
하지만 그는 한 번도 확신에 찬 대답을 하지 않았다.
여인은 그런 미적지근한 칸트의 반응이 항상 불만이었다.

하루는 여인이 칸트에게 분명한 대답을 요구했다.
그러자 칸트가 간단하게 말했다.
"생각해 보겠습니다."
칸트는 그 길로 도서관을 찾아갔고,
거기에서 결혼에 대한 책들을 모두 뒤지기 시작했다.

얼마나 시간이 흘렀을까?
마침내 결혼을 해야겠다는 결론을 내린 칸트는

여인의 집을 찾아가 문을 두드렸다.
그녀 대신 그녀의 아버지가 문을 열고 나왔다.
칸트가 무릎을 꿇고 말했다.
"따님과 결혼하기로 결정했습니다. 허락해 주십시오."
여인의 아버지는 황당한 표정을 지으며 대답했다.
"내 딸은 결혼해서 벌써 두 아이의 어머니가 되었다네."

사랑은 머리가 아닌 뜨거운 가슴으로 하는 것이다.
차가운 논리보다 따뜻한 감성과 교감이 앞서야 한다.

시간은 공평하다

피뢰침을 발명한 프랭클린은 말한다.
"이 세상에서 가장 소중한 것은 시간이다.
그러므로 시간을 낭비하는 것은 최대의 낭비다."

오늘은 한 번밖에 오지 않는다.
시간은 하늘이 모든 인간에게 공평하게 제공한 자산이다.
그 시간을 어떻게 활용하느냐에 따라
인생의 방향이 완전히 달라진다.

미국의 초대 대통령 조지 워싱턴은 왕성한 활동가였다.
그 비결을 묻는 기자에게 워싱턴은 이렇게 대답했다.
"나의 성공 비결은 단 한 가지다.
나는 매일 새벽 4시에 일어나서

남들이 잠자는 시간에 두 시간 더 일했을 뿐이다.
이 두 시간이 내 인생을 행복하게 만들어 주었다."

마음의 양식과 지혜를 얻으려면
독서에 시간을 쏟으면 되고,
좋은 친구를 얻고자 하면
사람을 만나는 데에 시간을 투자하면 된다.

지금의 나는 과거의 내가 만든 결과물이다.
내가 보낸 과거의 시간들이 쌓이고 쌓여서
지금의 내 모습을 만들어낸 것이다.

사랑을 완성하는 것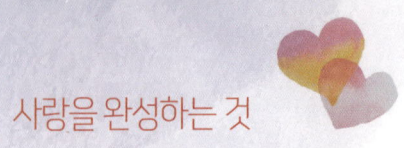

한 어머니가 아이를 갖지 못하다가
어렵게 아들을 출산했다.
아이의 이름은 어거스터스였다.

어느 날, 한 노인이 찾아와 그 어머니에게 말했다.
"아기의 탄생을 축하합니다.
내가 축하 선물로 소원을 한 가지 들어주고 싶은데
아이를 위한 소원이 무엇입니까?"

어머니는 노인에게 소원을 밝혔다.
"이 아이가 자라서 누구에게나 사랑받도록 해주세요."

어머니의 소원 덕분에

어거스터스는 사람들로부터 많은 사랑을 받으며 자랐다.
그러나 정작 그의 삶은 행복하지 않았다.
그는 사랑을 받을 줄만 알았을 뿐 사랑을 베풀 줄 몰랐다.

그의 인생 말년은 점점 더 외롭고 비참해졌다.
그런 어거스터스 앞에 다시 그 노인이 나타나서
한 가지 소원을 들어주겠다고 했다.
어거스트는 한 치의 망설임도 없이 말했다.
"세상의 모든 사람을 사랑할 수 있는 사람이 되게 해주세요."

노벨문학상을 수상한 작가 헤르만 헤세의 작품
〈어거스터스〉의 내용이다.

세상 사람들의 많은 사랑을 받으며 자랐지만
외롭고 비참한 말년을 보내야 했던 어거스터스의 삶이
많은 것을 생각하게 한다.
사랑은 받는 것만으로는 완성되지 않는다.
사랑을 받고 더 많은 사랑을 베풀 때 사랑이 완성된다.
세상에서 가장 행복한 사람은 사랑을 베풀 줄 아는 사람이다.

행복의 씨앗

링컨센터에서 스테파니 바스토스의 발레공연이 열렸다.
공연장을 가득 메운 관중은 '의족의 발레리나'에게
뜨거운 격려의 박수를 보냈다.

바스토스는 마이애미 뉴월드스쿨을 졸업한 재원이었지만
불운하게도 1995년 교통사고를 당해 발목을 절단하는
대수술을 받아야 했다.
그녀는 절망했다.
"나는 이제 발레리나로서 사형선고를 받았구나.
내 인생은 이제 껍데기만 남은 거야."

그러나 바스토스의 곁에는 지혜로운 어머니가 있었다.
어머니는 의족을 바라보며 눈물짓는 딸에게

이렇게 말했다.
"딸아, 네가 잃은 것은 오른쪽 발목 하나뿐이란다.
의족이지만 사람들에게 멋진 춤을 보여줄 수 있지 않겠니?"

바스토스는 어머니의 격려에 용기를 얻어 재기에 성공했다.
그리고 '의족의 발레리나'라는 명성을 얻었다.
어머니의 격려 한 마디가 무너진 그녀의 인생을
찬란하게 일으켜 세운 것이다.
희망적인 언어는 행복의 씨앗이 된다.

장수의 지름길

'석유 왕'으로 불리는 세계적인 거부 록펠러는
세 가지 기록의 보유자로도 유명하다.

첫째는 자선의 기록이다.
그는 록펠러재단을 만들어 남을 위해 사랑을 베풀었다.

둘째는 인생 역전의 기록이다.
그는 매우 가난했다.
'가능성이 없는 가난뱅이'라는 이유로
첫사랑에게 버림을 당하기도 했지만
그 일이 자극제가 되어 세계 최고의 부자가 된다.

셋째는 '장수의 기록'이다.

록펠러는 98세까지 장수를 누리다가 눈을 감았다.

록펠러가 가진 세 가지 기록의 원동력은 무엇이었을까?

첫째는 감사의 마음이다.
그는 어떤 상황에서도 남을 비난하지 않았다.

둘째는 경건한 생활이다.
그는 한 번도 술과 담배를 입에 대지 않았으며
평생 교회학교 교사로 봉사했다.

셋째는 성경 묵상이다.
아흔 살이 넘어 직접 책을 읽기가 어려워지자
록펠러는 책 읽어주는 사람을 고용해 성경을 읽게 했다.
성경을 들으며 마음의 평화를 유지한 것이다.

나이 들어도 건강하고 행복한 사람들 곁에는
건강하고 밝은 사람들이 많다.
건강과 행복은 혼자보다 타인과 함께할 때 더 커진다.

다섯 번이나 바뀐 이름

브라질의 오지에서 의료활동을 펼친 멜란드 부부는
평생 다섯 번 이름이 바뀌었다.
풀리오 인디언 마을에 처음 도착했을 때
인디언들은 그를 '백인'이라고 불렀다.
그 말에는 과거 자신들을 괴롭힌 백인들에 대한
증오가 담겨 있었다.
멜란드 부부는 그들의 비난을 묵묵히 감수하며
병들어 죽어가는 인디언들의 질병을 치료해 주었다.
그러자 인디언들은 부부에게
'존경하는 백인'이라는 이름을 붙여 주었다.

멜란드 선교사 부부는 인디언과 똑같은 옷을 입고
똑같은 음식을 먹었다.

그리고 10년 만에 인디언들의 언어를 배워서
마침내 속 깊은 대화를 나눌 수 있게 되었다.
이번에는 인디언들이 '백인 인디언'이라고 불러 주었다.

하루는 선교사 부부가 무릎을 꿇고 앉아
부상을 당한 한 인디언 소녀의 발을 씻겨주고 있었다.
이 광경을 지켜보던 인디언 추장이 선교사 부부에게 말했다.
"당신들은 하늘이 보내준 천사입니다."
그날부터 선교사 부부는 '하늘의 천사'로 불렸다.
그리고 지금,
멜란드 선교사는 '브라질의 성자'로 불리고 있다.

사람들은 자신의 이름대로 살아가기도 하지만
자신이 살아온 인생대로 새로운 이름이 붙기도 한다.
그것이 한 사람, 한 인생에 대한 세상의 평가이다.
훗날 내 인생에는 어떤 이름표가 붙어 있을까.

고통도 함께 나누는 사랑

폴란드의 에릭 왕이 바사 공작에게 종신형을 선고했다.
반역죄였다.
그때 공작의 부인 카타리나는 왕을 찾아가 애원했다.
"왕이시여, 저도 남편과 함께 복역할 수 있게 해 주십시오."

남편의 무고와 사면을 애원할 것이라고 생각했던 왕은
깜짝 놀라 카타리나 부인에게 물었다.
"공작부인, 당신은 종신형이 무엇인지 모르오?
죽을 때까지 감옥에서 벗어나지 못하는 무서운 형벌이오.
아무 죄도 없는 당신이 왜 험한 옥살이를 하려는 것이오?"

공작부인은 손가락에 끼고 있던 반지를 빼서
왕에게 보여주었다.

그 반지에는

'모스 솔라(Mors sola)'라는 글귀가 새겨져 있었다.

'죽음이 우리를 갈라놓을 때까지'라는 뜻이었다.

"종신형을 받았어도 남편은 여전히 저와 한 몸입니다.

결혼식 때의 약속은 지금도 유효합니다.

그러니 저도 남편과 함께 감옥에 넣어주십시오."

결국 카타리나는 소원대로 남편과 한 감방에 투옥됐다.

그들 부부는 17년간의 옥살이를 함께하다가

에릭 왕이 죽은 뒤에야 석방될 수 있었다.

긴 옥살이도 함께한 바사 공작과 그의 부인 카타리나 부부.

그들을 통해 진정한 사랑이 무엇인지 생각해 보게 된다.

세상을 이롭게 하는 일

셰익스피어가

런던의 한 식당에서 식사를 하고 있었다.

식당에 들어서는 사람들은 모두

셰익스피어에게 경의를 표하며

정중한 태도를 보였다.

그들의 관심은 온통 대문호에게 집중되어 있었다.

그때 현관을 청소하던 한 청년이 빗자루를 내던지며

긴 한숨을 쉬었다.

셰익스피어가 청년을 불러 물었다.

"자네는 왜 그렇게 한숨을 쉬는 것인가?"

청년은 이렇게 대답했다.

"선생님과 저는 똑같은 인간으로 태어났습니다.

그런데 선생님은 이렇게 많은 사람들의 존경을 받고 있는데

저는 고작 식당 바닥이나 쓸어야 한다는 것이 한심합니다."
셰익스피어는 청년의 어깨를 가볍게 두드리며 말했다.
"자네와 나는 같은 일을 하고 있다네.
나는 펜으로 신이 지으신 우주의 한 부분을 표현하고 있고,
자네는 지금 신이 지으신
우주의 한 부분을 청소하고 있지 않은가.
결국 우리는 같은 일을 하고 있는 거라네."

직업에도 일에도 귀천이 있을 수 없다.
다만 스스로가 귀천을 가르고
서로 다른 의미를 부여할 뿐이다.
내게 소중한 것이라면
타인도 귀하게 여기게 된다.
세상을 이롭게 하는 일은 모두 귀하고 소중한 일이다.

일을 그르치는 성급한 판단

알렉산더 대왕이 친구로부터
잘 훈련된 사냥개 두 마리를 선물 받았다.
평소 사냥을 즐겼던 알렉산더 대왕은 매우 기뻐했다.

어느 날,
대왕은 사냥개를 데리고 토끼사냥을 나갔다.
그런데 사냥개들은 사냥할 생각이 전혀 없는 듯
달아나는 토끼를 물끄러미 바라보며
바닥에 누워서 뒹굴기만 했다.
화가 난 알렉산더 대왕은
그 자리에서 사냥개들을 죽여버렸다.

궁으로 돌아온 대왕은

사냥개를 선물한 친구를 불러 호통을 쳤다.
"토끼 한 마리도 잡지 못하는 개들을
내게 선물한 이유가 무언가?
그 쓸모없는 사냥개들을 내가 모두 죽여버렸다."
친구는 대왕의 말을 듣고
안타까운 표정을 지으며 대답했다.
"대왕이시여, 그 사냥개들은
토끼를 잡기 위해 훈련된 개들이 아닙니다.
호랑이와 사자를 사냥하기 위해
오랜 시간 훈련받은 개들입니다."
그제야 알렉산더 대왕은 땅을 치며 후회했다.

성급한 판단은 일을 그르친다.
사람들은 가끔 당장 눈앞에 보이는 작은 것들만 보고
성급하게 잘못된 판단을 내리곤 한다.
중요한 결정을 내릴 때는
얼음처럼 냉철한 마음을 가져야 한다.
고기를 써는 칼로 고작 풀을 벨 수는 없다.

뜻밖의 선물

미국 텍사스의 한 부호가
유서도 남기지 않고 갑자기 사망했다.
부호에겐 30년 전에 가출한 외아들이 있었지만
죽을 때까지 만나지 못하고 외롭게 숨을 거두었다.

부호가 소유한 집기들이 차례차례 경매에 붙여졌다.
경매원이 작고 오래된 사진틀 하나를 5달러에 내놓았다.
하지만 아무도 사려는 사람이 없었다.
그때 수십 년 동안 그 집에서 가정부로 일했던 한 노파가
손을 들었다.
경매원은 단돈 1달러에 사진틀을 팔았다.

노인은 사진틀에 욕심이 있었던 것이 아니었다.

한때 자신이 돌보던 주인의 아들 사진이
꽂혀 있었기 때문이었다.
잃어버린 자식을 그리워하는 부모의 마음을
결코 외면할 수 없었던 것이다.

시간이 흐른 뒤,
노파는 사진틀 뒤에서 쪽지 하나를 발견했다.
그것은 다름 아닌 대부호가 남긴 유서였다.
'사랑하는 내 아들의 사진을 소유한 사람에게
내 모든 재산을 물려준다.'
하루아침에 수백 억대의 재산이 노파에게 돌아갔다.

선한 마음과 선한 행동은
종종 뜻밖의 선물을 안겨준다.

인생은 생각하기 나름이다.

창조주가 각양각색의 동물을 만들어
산과 들과 바다로 내려보냈다.
그런데 새들은 뭐가 불만인지 뾰로통하게 입을 내민 채
창조주에게 따져 물었다.
"다른 동물들에게는 튼튼한 다리를 만들어 주면서
왜 우리에게는 이렇게 연약한 다리를 주십니까?
그리고 왜 양 어깨에 '날개'라는 무거운 짐을
매달아 주신 겁니까?"

그들의 불만을 듣고 있던 창조주는 빙그레 웃으며 말했다.
"너희들이 무거운 짐으로 생각하는 날개를 활짝 펴보아라."
독수리가 맨 먼저 짐으로 여겼던 육중한 날개를 활짝 펴고
힘껏 움직여 보았다.

순간 독수리의 몸은 깃털처럼 가벼워지며
창공을 날아오를 수 있었다.
새들의 양 어깨에 붙은 것은 '짐'이 아니라
창공을 가르는 '날개'였다.

'새들의 불평'이라는 이스라엘 동화의 내용이다.

우리 인생도 다르지 않다.
우리가 힘들고 거추장스런 짐으로 생각하는 것들이
사실은 세상을 날아오를 수 있는
'인생의 날개'인 경우가 많다.
그리고 지금 내 어깨를 짓누르는 짐이야말로
인생을 지탱하는 훌륭한 버팀목이자
세상을 향해 날아오를 수 있는
디딤돌이라는 걸 잊지 말아야 한다.

절망이라는 병

미국 보스턴의 한 병원에
뇌암에 걸린 소년이 누워 있었다.
이름은 숀 버틀러,
이제 겨우 일곱 살이 된 어린 소년이었다.
숀은 '회생불가' 판정을 받고 죽음만을 기다리고 있었다.

야구광이었던 숀은
보스턴 레드삭스의 홈런타자
스테플턴의 열렬한 팬이었다.
어느 날 숀의 아버지는 아들을 위해
스테플턴에게 편지 한 통을 보냈다.

"제 아들 숀이 지금 뇌암으로 죽어가고 있습니다.

당신의 열렬한 팬인 숀이
마지막으로 당신을 만났으면 좋겠습니다."

스테플턴은 숀이 입원해 있는 병원을 방문했다.
"숀, 스테플턴이다.
내일 너를 위해 멋진 홈런을 날려줄 테니
절대 희망을 버리지 마라!"

숀은 눈을 번쩍 뜨며 자신이 사랑하는 야구 영웅을 맞았다.
이튿날 경기에서 스테플턴은 약속한 대로 홈런을 날렸다.
그 소식은 숀에게 그대로 전달되었다.
숀은 병상에서 환호했다.
그때부터 숀의 병세도 회복 기미를 보이기 시작했다.
6개월 후엔 암세포가 말끔히 사라져서 퇴원할 수 있었다.

희망과 기쁨은 암세포도 이겨낼 수 있는 명약이다.
세상에서 가장 무서운 병은
'절망'이라는 이름의 악성 종양이다.

하늘이 알고 내가 안다

그리스 최고의 조각가 휘디아스.
그의 작품 〈다이아나상〉은 세계적인 걸작으로 꼽힌다.

휘디아스는 〈다이아나상〉이 거의 완성됐는데도
계속 마무리 손질을 하고 있었다.

한 제자가 그에게 물었다.
"스승님, 지금 무엇을 하고 계십니까?"
"다이아나 상의 뒷 머리카락 한 오라기를 다듬는 중일세."

제자가 답답하다는 듯이 말했다.
"이 동상은 지상 1백 피트 높이에 세워집니다.
동상의 뒤통수를 볼 사람은 아무도 없습니다."

제자의 말에 휘디아스는 이렇게 말했다.
"지금 하늘이 보고 있고
내가 보고 있지 않은가."

작가 스스로를 만족시키지 못한 작품으로
세상 사람들을 감동시킬 수 없다.
내가 알고 하늘이 아는 일은
세상 사람들도 금세 알아챈다.

아침 향기

엮은이 | 곽동언
펴낸이 | 우지형

인 쇄 | 하정문화사
제 본 | 영글문화사
후가공 | 금성엘에스엠
디자인 | 김왕기

펴낸곳 | 나무한그루
주 소 | 경기도 김포시 월곶면 애기봉로 456번길 64-43, 마동 2층
전 화 | (031)986-9028 팩스(031)986-9038
이메일 | namuhanguru@empas.com
출판등록 | 제313-2004-000156호.

ISBN 978-89-91824-72-0   02810
값 5,000원